Van ellende
naar succes

het verhaal van een kind

Van ellende
naar succes

het verhaal van een kind

Walter Lawrence

Kravitz & Sons
INNOVATORS IN PUBLISHING, MARKETING AND ADVERTISING

Kravitz and Sons LLC
1301 Farmville Blvd, Suite 104
Greenville, NC 27834

Gepubliceerd door Kravitz and Sons LLC.

ISBN: 979-8-89639-518-8 (sc)
ISBN: 979-8-89639-519-5 (e)

Library of Congress Control Number: 2025907344

Ik ben geboren in 1946. Toen ik zes jaar oud was verhuisde ons gezin naar New Jersey, waar mijn vader buschauffeur was. Ik herinner me dat ik in de voortuin speelde terwijl mijn oma met een mes in haar hand mijn moeder de voordeur uit jaagde. Ik ben er nooit achter gekomen waarom, maar mijn broer en zus, een tweeling, waren ongeveer twee, en ik was zes. Mijn gok is dat mijn moeder niet goed voor ze zorgde en dat mijn oma daar kwaad om was.

In 1952 verhuisden we middels een vijfdaagse roadtrip naar Californië: City of Hope, City of Pasadena en San Bernardino. In de periode dat ik zes tot negen jaar was, van 1952 tot 1955, bezocht ik vier verschillende basisscholen. Tegen het einde van 1954 woonden we in San Bernardino, en tussen mijn zevende en negende speelde ik accordeon op lokale braderieën en in het Mission Playhouse, een historisch gebouw. Ik heb nog steeds een foto van mezelf met rood haar en sproeten, waarop ik eruitzie als Howdy Doody (een pop uit een kinderprogramma). Op een dag klopte een buurman bij ons aan. De tweeling had in zijn garage verf gevonden en op ongeveer een meter hoogte de hele buitenmuur van de garage ondergespoten met graffiti.

In de zomer van 1955 liep mijn broer Wayne, die toen vijf was, een zogeheten atypische longontsteking op. Hij werd op een vrijdagavond ziek. Mijn moeder ging met hem in de ambulance naar het Los Angeles Medical Center. Mijn vader, ik en mijn zus kwamen later. Toen we bij het ziekenhuis aankwamen, rende mijn moeder ons door de gang tegemoet en zei: 'hij is dood'. Mijn vader en ik barstten in huilen uit, en hij begon de gang op en neer te lopen. Hij was hysterisch. Vervolgens kregen we te horen waar mijn broer lag, en mijn vader tilde me op zodat ik hem zag liggen met zijn levenloze lichaam en de ogen open. Het was 1955 en hij was vijf jaar. Voordat mijn broer overleed, maakte ik altijd de Morgan-paardenstallen schoon voor één dollar per maand op een ranch. Ik was toen acht en een half. Ik weet niet meer waarom het zo gebeurde, maar op de dag van de begrafenis ging ik naar de paardenranch.

Toen ik elf was ging ik met mijn moeder naar Jone's Beach in Long Island, New York. Destijds waren daar nog geen strandwachten. Ik ging het water in en de golven waren heel, heel hoog en het was eb. Ik werd door de hoge golven meegezogen tot mijn moeder op het strand op een gegeven moment nog maar een puntje in de verte was geworden. 'Hoe kom ik in hemelsnaam terug?' vroeg ik mezelf af. Ik besloot om met de hoge golven mee te zwemmen en steeds op de volgende te wachten en dan weer hetzelfde te doen. Ik moet dit uiteindelijk zo'n vijfentwintig keer gedaan hebben voor ik eindelijk het strand bereikte, zonder dat mijn moeder doorhad wat er aan de hand was. Verbazingwekkend genoeg wist ik rustig te blijven en redde zo mijn eigen leven.

In oktober 1955 verhuisden we terug naar Brooklyn, New York, waar ik naar de vijfde en zesde klas ging op de P.S. 102. Mijn oma was schoonmaakster bij docenten van die school. Ik had nooit speciale aandacht nodig en deed wat ik moest doen om over te gaan. Toen ik naar de zevende klas moest verhuisden we weer, dit keer buiten het district, en ging ik naar

McKinley Junior High. Ik had daar een docent die mevrouw MacGiveny heette. Er waren gangs op school en er was daar zoveel gedoe dat ik blij was dat ik na drie maanden weer weg mocht. In de zomer van 1957 was een van mijn hobby's om in parken vlinders te vangen met mijn net en ze vervolgens in fotolijstjes op te zetten. Er waren tijgerzwaluwvlinders, monarchvlinders en motten, en vlinderkunde heette lepidopterologie. Je gebruikt een container en een natte spons en dan legde je een stuk glas op en onder de vlinder, zodat de vleugels uitgespreid waren, alsof ze vlogen. Het glas voorkwam het uitsmeren van het poederige patroon op de vleugels. In de zomer kreeg ik vaak vijfentwintig cent van mijn moeder. Ik nam dan de 69th Street Ferry naar Staten Island. Destijds kostte het nemen van die pont vijf cent. Na de overtocht liep ik dan naar het Saint George-zwembad, waar ze buiten een hotdogkraam hadden. Een hotdog kostte tien cent. Daarna ging ik naar het zwembad, wat vijf cent kostte en waar ik hele middag ging zwemmen, waarna ik met mijn laatste vijf cent weer de pont pakte. Dus voor vijfentwintig cent had ik een tochtje met de pont, een hotdog en een middag zwemmen. Ik weet niet of die vijfentwintig cant haar manier was om voor me te zorgen of om gewoon even van me af te zijn, maar ik vind het fijn te denken dat het dat eerste was.

Ik had een rode flyerkar en daarmee ging ik appartementen langs om oude kranten op te halen die ik vervolgens naar de vuilnis bracht. Voor vijftig kilo kreeg ik vijfentwintig cent. Een keer per maand pakte ik een lijn en zinklood, doopte het zinklood in een tinnen kop met smeervet en ging dan op mijn buik op metroroosters bij kerken liggen om de muntjes die kerkgangers hadden laten vallen op te vissen.

Ook herinner ik me een keer in 1956 toen mijn vader op een vistochtje was geweest en woedend was, omdat mijn moeder te laat was om hem op te halen: de boot ging een uur eerder en hij had een taxi moeten nemen om thuis te komen.

Rond 1958 was ik in het warenhuis F.W. Woolworth's in Brooklyn en pakte ik een reep snoep van de plank zonder ervoor te betalen. Jaren later, in 1973, toen ik bij mijn oma op bezoek was, ben ik naar die winkel teruggegaan en heb ik zo'n zelfde reep gekocht en die na het betalen weer terug op de plank gelegd.

Aan het eind van dat schooljaar verhuisden we naar Queens, New York, waar mijn vader een delicatessenwinkel had gekocht en ik naar de Lutheran Elementary ging (mijn zevende school).

Gedurende die tijd, nadat mijn broer was overleden en tot 1963, sloeg mijn moeder me altijd wanneer ze een slechte dag had en zonder verdere reden. Ik merkte een grote verandering in de geestelijke gesteldheid van mijn vader en moeder na de dood van mijn broer. Mijn vader vertelde me toen hij op zijn sterfbed lag, op Memorial Day 1973, dat hij en mijn moeder niet meer intiem waren geweest sinds mijn broer was overleden. Die dag gaf mijn oma, die er altijd voor me was, me stiekem een paar spaarobligaties van vijfentwintig dollar uit de periode 1956-1970, met een waarde van ongeveer 5000 dollar. Ik besloot ze te verzilveren en kreeg te horen dat ze 'Payable on Death' waren en dus pas bij overlijden uitgekeerd konden worden. Dus gaf ik ze terug aan mijn oma, die in 1977 overleed. Na de begrafenis vroeg ik mijn moeder naar de obligaties, maar het enige wat ze zei was: 'je hebt pech'. Mijn moeders halfbroer Paul vroeg me vervolgens om naar het appartement te gaan om het leeg te maken. Dus ging ik met mijn schoonbroer erheen, met wie ik alle meubels en zo wegdeed. We vonden toen ook een glazen pot met daarin ongeveer vijftig dollar aan muntgeld in stuivers, dubbeltjes en kwartjes. Ik had een pick-up truck van een vriend geleend, een dag vrij genomen van mijn werk, en de kosten voor de vuilstort en de brandstof betaald. Toen ik thuiskwam heb ik de munten met mijn zus verdeeld. Mijn moeders broer was woedend toen hij erachter kwam dat we de munten hadden gehouden. Terwijl het zijn moeder was, en hij nooit enige vergoeding had aangeboden voor alle moeite die wij hadden gedaan.

Van 1960 tot 1964 ging ik naar de Martin Luther King High School. In 1962 had mijn vader een zenuwinzinking en bracht drie maanden in het VA-ziekenhuis door. Ik herinner me dat vlak hiervoor mijn vader een meltdown had en geprobeerd had me aan te vallen terwijl ik aan het werk was in zijn delicatessenwinkel. In 1963 had ik twee keer per week basketbaltraining en klaagde mijn vader altijd dat ik op die dagen niet kon werken. Ik besloot daarom te stoppen met trainen. Vervolgens werd mijn vader kwaad omdat ik niet meer in het team zat. Ik heb altijd het gevoel gehad dat niets dat ik deed mijn beide ouders ooit tevreden stemde. Nadat hij me in de winkel had aangevallen, ben ik weggerend naar mijn oma in Brooklyn, waar ik ongeveer om één uur 's nachts aankwam. Ik werd daar wakker op de bank en mijn vader moest me komen ophalen. Ik weet niet wat mijn oma die dag aan de telefoon tegen hem gezegd heeft, maar het mishandelen was vanaf die dag voorbij. Ik heb het gevoel dat ik mezelf heb opgevoed, zonder de liefde die kinderen normaal gesproken van hun ouders krijgen.

In 1961 maakten mijn vader en ik een weekenduitstapje naar Bermuda, terwijl mijn moeders halfbroer voor ons inviel in de winkel: hij was namelijk ontslagen bij de busmaatschappij Greyhound omdat hij kaartjesgeld had gestolen. Toen we terugkwamen in de winkel lag er een ansichtkaart, waarop stond: 'Ik mis je heel erg'. Ik heb nooit geweten wat mijn vader tijdens het uitstapje deed wanneer we niet samen waren – ik had eigenlijk geen idee dat hij niet de hele tijd bij me was.

In 1964, nadat ik mijn middelbare school had afgemaakt, meldde ik me aan voor militaire dienst maar werd afgewezen vanwege een cyste aan het onderste uiteinde van mijn wervelkolom, wat bij mannen wel vaker voorkomt. Daarna ging ik weer terug naar huis. Ik voelde me als een verloren puppy. Ik had geen werk en behalve mijn oma was er niemand die van me hield. Ik moest op zoek naar werk en in die tijd was er geen internet en alleen telefooncellen. Het was niet zo makkelijk een vacature te vinden of zelfs maar te weten waar je moest zoeken. In 1965 had ik een Corvair. Ik stond op het punt in te stappen om naar een afspraak te gaan, toen mijn vader woedend de winkel uit kwam omdat ik weg moest en dus niet kon werken. Dus brak hij de antenne van mijn auto af. Ik was negentien, probeerde aan mezelf te werken en weg te kunnen komen bij alle ellende. Wat me ook helder voor de geest staat is dat ik mijn vader of moeder nooit heb zien lachen.

Uiteindelijk ging ik voor hulp naar de directeur van de Martin Luther High School. Hij had een lijst met vacatures en ik wist een baan te vinden als postbezorgende en klusjesdoende kantoorbediende bij Texas Gulf Sulphur in het Pan Am-gebouw, wat nu het Met Life-gebouw is boven Grand Central Station in New York. Ik werkte daar een jaar en verdiende zeventig dollar per week. Daarna kreeg ik via een uitzendbureau een baan bij New York Helicopters voor de luchthavens LaGuardia, JFK en Newark – we werkten voor New York Airways. Ik heb toen veel beroemde mensen ontmoet.

In het begin van 1968 zag ik Cary Grant de TWA-terminal uit komen. Hij wilde zijn limousine in, maar de portieren zaten op slot. Zijn chauffeur zou hem namelijk gaan ophalen, maar was via een andere deur naar de terminal gegaan. Meneer Grant leek te schrikken toen ik hem benaderde, maar toen ik het hem uitlegde was hij gerustgesteld en bedankte hij me. In zijn privéleven was hij een erg introvert persoon.

In 1972 gingen mijn vader en ik golfen. Onderweg werden we aangereden door een andere auto, waardoor onze bumper een deuk opliep. Toen we het aan mijn moeder vertelden, sloeg ze me met haar vuist in mijn ballen. Bij mijn ouders thuis in Wantagh, New York, was ik een keer op mijn vrije dag het gazon aan het maaien. Toen mijn vader de oprit opreed ging hij door het lint omdat er grasresten op de stoep aan de zijkant van het huis lagen, nog voordat ik tijd had gehad om het op te ruimen. De ellende ging zelfs door tot ik een jaar of twintig was. Ik was het doelwit van al hun opgekropte woede.

Gedurende die periode (1965-1967) kreeg ik een relatie met iemand die ik als een vriendin beschouwde, iemand van wie ik kon houden en van wie ik de liefde kon krijgen die ik nooit van mijn ouders had gekregen. We kregen samen een kind, een dochter. Het boterde niet tussen haar moeder en mij, en ik heb de baby uiteindelijk vier maanden gehad. Tijdens een voogdijzaak werd ik ervan beschuldigd haar moeder door een raam te hebben gegooid dat zich anderhalve meter boven een aanrecht bevond. Jaren later gaf haar moeder aan onze dochter toe dat dit nooit was gebeurd. Zo ben ik ook niet. Ik zou nooit een vrouw slaan. Om de een of andere reden was er ook veel spanning tussen haar vader en mij, en ik heb nooit geweten waarom. Veertig jaar later kwam ik opnieuw in contact met mijn oudste dochter. Ze vertelde me dat hij een tweede gezin had in North Carolina, waar hij eens per maand naartoe ging als stoffenverkoper.

In de jaren 70 trouwde ik met mijn tweede vrouw. Ze was de jongste van vijf kinderen. Ik was drieëntwintig en zij was twintig. Onze eerste dochter werd geboren in 1973. Terwijl ik voor New York Airways werkte, begon ik ook een schoonmaakbedrijfje zodat we financieel ons hoofd boven water konden houden. Dit was van 1973 tot 1979. Helaas werkte ik van 15.00 uur tot 23.00 uur op het vliegveld, waarna ik nog moest schoonmaken, zodat ik uiteindelijk pas om ongeveer half twee 's nachts thuis was. Toen ik voor de helikopterservice werkte, werd ik eens gevraagd een passagier en diens bagage naar de Delta-terminal te brengen. Deze passagier was Frank Perdue (de oudste van Perdue Chicken). Het was een halve kilometer lopen, maar hij zei geen woord tegen me en gaf me ook geen fooi. Ik kwam er later achter via mensen die bij hem in de buurt woonden achter dat het altijd al een gierige vent was.

In 1977 werd onze tweede dochter geboren. Ze had het syndroom van Down. De dokters vertelden ons dat door een afwijking in de chromosomen in het DNA van de moeder kwam.

Deze dochter overleed drie maanden later. In 1979 verloren we nog een kind wegens complicaties in verband met een vruchtwaterpunctie, opnieuw wegens de chromosomen van de moeder, zo werd ons verteld. Ik was tegen de punctie, en men zei dat de kans op nog een Downsyndroom 1500 tegen 1 waren. Mijn ex-vrouw negeerde mijn advies echter en liet de test toch doen. Het kind was normaal, maar werd door de vruchtwaterpunctie te vroeg geboren. Vier uur later overleed het kind. Dit was voor ons huwelijk het begin van het einde. Mijn dochter en ik hadden een goede band tot ze twaalf was. In de lente van 1985 liep het huwelijk op z'n eind. Al het voorgenoemde zou voor praktisch ieder huwelijk funest zijn, maar mijn ex-vrouw zette ook nog eens onze dochter tegen mij op door middel van leugens en misleiding, jaloers als ze was op mijn succes en hopend op mijn ondergang. We scheidden in 1985.

In de lente van 1985 woonde ik in Babylon Village op Long Island, ging ik deze scheiding door, en woonde daar alleen nadat zij verhuisd was. Ik werd gebeld met de vraag of ik naar Hauppauge, New York wilde komen om met haar naar een, zo dacht ik, huwelijkstherapeut te gaan. Toen ik bij het uit vele gebouwen bestaande complex aankwam en uiteindelijk het juiste gebouw had gevonden, kwam ik in een zaal met een verhoogd podium met allemaal stoelen eromheen. Er zaten ongeveer dertig tot veertig mensen in die stoelen. Op het podium stonden vier stoelen, voor mijn dochter, mijn ex-vrouw, de therapeut en mij. Rechts van mij was nog een kamer met een raam met de jaloezieën dicht.

De therapeut begon me vragen te stellen en de jaloezieën gingen langzaam open en daarachter zaten een stuk of twintig mensen mij te observeren. Mij werd gevraagd naar mijn band met mijn dochter. Ik zei dat ik van haar hield en altijd had geprobeerd haar advies te geven. Op dat moment was ze dertien jaar oud. Ik realiseerde me toen dat ik daar niet uitgenodigd was als liefhebbende vader, maar om door haar moeder bekritiseerd te worden. Ik ben vervolgens opgestaan en heb tegen het publiek gezegd: 'jullie zouden je moeten schamen.' Toen ben ik de zaal uit gelopen. Dat was hoe mijn ex-vrouw in elkaar zat. Ze heeft mijn dochter gehersenspoeld: alleen een moeder die zelf echt issues heeft zou zoiets doen. Ze zou zich moeten schamen. Ze probeerde reverse psychology te gebruiken terwijl ze een affaire had met haar baas, terwijl ik tien tot twaalf uur per dag werkte om brood op de plank te krijgen voor mijn gezin.

Mijn zus en ik hebben door de jaren heen heel weinig contact gehad. Ik heb haar in 1986 eens opgezocht in Oceanside, New York en ik heb één keer met haar gebeld in 2005. Toen woonde ze in de Shenandoahvallei. Zij en haar eerste man hadden twee kinderen samen, maar hij bleek later homo te zijn. Ze trouwde met haar tweede man en kreeg nog twee kinderen. Hij pleegde later zelfmoord. Hun zoon was vernoemd naar haar overleden tweelingbroer (mijn broer), had ADHD en sprong, onder invloed van Ritalin, in 2001 op eenentwintigjarige leeftijd voor de trein in Jacksonville, Florida. Ze trouwde opnieuw en kreeg met haar derde man nog een kind, maar hoe het daar verder mee is gegaan weet ik niet. Nadat dat huwelijk op de klippen was gelopen, had ze nog een vriend die er dankzij haar creditcards met $25.000 vandoor ging.

Een jaar later verhuisde ik van Long Island naar Sullivan County, New York. Daar was ik chauffeur op een schoolbus en deed ik een civil service test voor het Sullivan County Sheriff's Department. In 1991 werkte ik 's nachts van één tot negen voor de Times Herald Record, een krant in Middletown, New York, waarvoor ik kranten in bulk bezorgde. Ik volgde ook een culinaire opleiding aan Sullivan County Community College. Tijdens mijn Engelse les moest ik een essay schrijven over een gerecht op het menu. Mijn essay heette 'Road Kill' en ging over eekhoorns, schildpadden, buidelratten en konijnen. Ik was vierenveertig en zat in de klas met allemaal twintigers.

Ik kreeg een A- voor mijn essay. Ze vroegen hoe ik zo'n hoog cijfer had gehaald. Mijn antwoord was dat naarmate je ouder wordt, je fantasie ook groeit.

Op 8 januari 1992 werd ik aangenomen als gevangenisbewaker. Bij die baan ontmoette ik mijn huidige vrouw, met wie ik nu zesentwintig jaar getrouwd ben. Zij was verpleegkundige in de gevangenis. We trouwden in 1999 en hebben een huis aan Yankee Lake in Wurtsboro laten bouwen. In 2002 ging ik met pensioen van het Sheriff's Department. We verkochten het huis in 2004 en verhuisden vervolgens naar Citrus County, Florida. Ik begon een succesvol bedrijf in gazons en deed dat elf jaar lang. Mijn vrouw is hospiceverpleegkundige en ik werk nu voor het Sheriff's Department van Citrus County als verkeersregelaar bij scholen.

Toen de ellende begon in de jaren 50, had ik mezelf beloofd mijn eigen leven te leiden en nooit te liegen of anderen de schuld te geven van mijn fouten. In 2008 gingen mijn vrouw en ik naar New York om mijn moeder op te zoeken in een verzorgingstehuis. Tijdens ons gesprek zei ze: 'wat ben je een leuk mens geworden.' Ze had totaal niet door wie ik echt was. Op 25 december 2010 overleed ze op eenennegentigjarige leeftijd.

Nog een vreemd detail: mijn vrouw en ik verhuisden naar ons nieuwe huis in Florida en ongeveer een jaar nadat we daar waren komen wonen, zat ik op een dag op de lanai tv te kijken terwijl mijn vrouw in de woonkamer zat, toen er een silhouet van een dame voor het tv-scherm langs liep. Ze had rood haar en droeg een zilveren nachtjapon. Een paar weken lang ging dit zo door. Ik zei er eerst niets over tegen mijn vrouw, maar ongeveer een half jaar later vertelde ik haar dat ik dacht dat we een geest in huis hadden.

Ze zei: 'Ik weet het, ze heeft rood haar en een zilveren nachtjapon.' Zij had haar ook gezien, maar had me dat nooit verteld, tot ik erover begon. Na ongeveer een jaar zagen we haar niet meer. Misschien zocht ze iemand in het verkeerde huis.

Ik ben nu achtenzeventig en hoop dat ik de rest van mijn leven met mijn vrouw kan doorbrengen, net zo lang als die muis in de film The Green Mile. Het leven gaat door, ook al begint het slecht.

Over de auteur

Ik heb dit boek niet geschreven om mensen te vertellen wat ze moeten doen. Het gaat erom wat je zou kunnen doen om wat te veranderen in je leven. Tieners die verantwoordelijke keuzes maken, en moeders die hopelijk voor de juiste relaties kiezen.

Vaders, oma's en opa's die hopelijk het voorbeeld geven van wat goed is en fout. Ik hoop dat jouw toekomst wat tijd betreft stralender is dan de mijne.

Vanwege mijn leeftijd is dit mijn finale, en dit boek een catharsis. Ik ben verkeersregelaar voor mijn land. Ik regel het verkeer in de buurt van scholen. Het is een uitdaging, zoals dat geldt voor de meeste dingen.

- Walter Paul Lawrence

Walter Lawrence, verkeersregelaar

Matthew Beck Photo Editor
12 mei, 2021

Walter Lawrence, verkeersregelaar in Citrus County, regelt het verkeer bij de Inverness Middle School waar zijn post zich bevindt. Lawrences boek, 'Van ellende naar succes: het verhaal van een kind', komt eind mei 2021 uit. Matthew Beck Photo Editor.

Matthew Beck Photo Editor

Als je opgroeiend als jongetje het doelwit bent van de woede van je gezin, dan vormt dat je. In 'Van ellende naar succes: het verhaal van een kind' gaat over een jongen die na jaren mishandeling succes en geluk in het leven vindt.

Over de auteur

Ik heb dit boek niet geschreven om mensen te vertellen wat ze moeten doen. Het gaat erom wat je zou kunnen doen om wat te veranderen in je leven. Tieners die verantwoordelijke keuzes maken, en moeders die hopelijk voor de juiste relaties kiezen.

Vaders, oma's en opa's die hopelijk het voorbeeld geven van wat goed is en fout. Ik hoop dat jouw toekomst wat tijd betreft stralender is dan de mijne.

Vanwege mijn leeftijd is dit mijn finale, en dit boek een catharsis. Ik ben verkeersregelaar voor mijn land. Ik regel het verkeer in de buurt van scholen. Het is een uitdaging, zoals dat geldt voor de meeste dingen.

- Walter Paul Lawrence